AF561906

NOTICE NÉCROLOGIQUE

SUR

M. EUGÈNE SIBILLE,

CHEF D'ESCADRONS AU 13e D'ARTILLERIE,

blessé mortellement sous les murs de Sébastopol.

Par ARMAND MARQUISET,

Officier de la Légion-d'Honneur, Sous-Préfet en retraite,
membre de l'Académie de Besançon, etc.

VESOUL,

TYPOGRAPHIE DE L. SUCHAUX.

1857.

NOTICE NÉCROLOGIQUE

SUR M. EUGÈNE SIBILLE.

NOTICE NÉCROLOGIQUE

SUR

M. EUGÈNE SIBILLE,

CHEF D'ESCADRONS AU 13e D'ARTILLERIE,

blessé mortellement sous les murs de Sébastopol.

Par ARMAND MARQUISET,

Officier de la Légion-d'Honneur, Sous-Préfet en retraite,
membre de l'Académie de Besançon, etc.

VESOUL,
TYPOGRAPHIE DE L. SUCHAUX.

1857.

Au général de division d'artillerie E.-F. LARCHEY,

Membre du Comité de l'artillerie, Commandeur de la Légion-d'Honneur, Commandeur de l'Ordre de Saint-Grégoire-le-Grand, décoré de l'Ordre impérial du Medjidié de 2e classe, Commandeur de 1re classe de l'Ordre des Saints-Maurice-et-Lazare, Chevalier de l'Ordre du Bain d'Angleterre.

MON CHER ET VIEIL AMI,

Voici une *Notice nécrologique sur le chef d'escadrons d'artillerie* Eugène SIBILLE, *blessé mortellement sous les murs de Sébastopol.* Tu as été pour ce brave et digne ami un camarade bien plus qu'un chef, une providence tutélaire; en un mot, tu as remplacé près de lui, à son lit de mort, la famille absente. C'est l'expression touchante dont il se sert lui-même dans une de ses dernières lettres à sa mère. Je crois donc avoir une heureuse pensée en t'offrant la dédicace de mon œuvre, à toi, l'une des gloires de l'artillerie française, et l'une des belles illustrations militaires de notre chère province de Franche-Comté.

Accepte-la donc, cette dédicace, comme un gage de notre vieille amitié de lycée, et comme une preuve de la bonne place que tu n'as cessé d'occuper dans mon cœur, depuis que nos carrières différentes nous ont tenus, à mon grand regret, éloignés l'un de l'autre.

Reçois, mon cher et vieil ami, la nouvelle assurance de mon inaltérable affection.

A. M.

Fontaine, 15 avril 1857.

NOTICE NÉCROLOGIQUE

SUR M. EUGÈNE SIBILLE

CHEF D'ESCADRONS AU 13e RÉGIMENT D'ARTILLERIE.

Par son rapport du 15 septembre 1855, daté de son grand quartier-général, le maréchal Pélissier, aujourd'hui duc de Malakoff, commandant en chef de l'armée d'Orient, rend compte au Ministre de la guerre de la prise de Sébastopol, et des principaux événements de ce sanglant et glorieux épisode de nos fastes militaires; ce document historique finit par le résumé suivant :

« Ainsi s'est terminé ce siége mémorable, pendant « lequel l'armée de secours a été battue deux fois en « bataille rangée, et dont les moyens de défense et « d'attaque ont atteint des proportions colossales.

« L'armée assiégeante avait en batterie, dans les diverses « attaques, environ huit cents bouches à feu, qui ont tiré

« plus de seize cent mille coups, et nos cheminements,
« creusés pendant trois cent trente-six jours de tranchée
« ouverte en terrain de roc, et présentant un développe-
« ment de plus de quatre-vingts kilomètres (vingt lieues),
« avaient été exécutés sous le feu constant de la place, et
« par des combats incessants de jour et de nuit.

« La journée du 8 septembre, dans laquelle les armées
« alliées ont eu raison d'une armée presque égale en
« nombre, non investie, retranchée derrière des défenses
« formidables pourvues de plus de onze cents bouches à
« feu, protégée par les canons de la flotte et des batteries
« du nord de la rade, disposant encore de ressources
« immenses, restera comme un exemple de ce que l'on
« peut attendre d'une armée brave, disciplinée et aguerrie.

« Nos pertes, dans cette journée, sont de 5 généraux
« tués, 4 blessés et 6 contusionnés ; 24 officiers supérieurs
« tués, 20 blessés et 2 disparus ; 116 officiers subalternes
« tués, 224 blessés, 8 disparus, et 1,489 sous-officiers
« et soldats tués, 4,259 blessés et 1,400 disparus : en
« tout, 7,551. »

Après avoir donné en entier la copie de ce rapport, le *Moniteur de l'Armée* s'exprime ainsi :

« Préparons-nous donc à mêler des larmes de regret,

« pour les amis que nous avons perdus, aux transports « d'allégresse que la prise de Sébastopol excite dans tous « les cœurs. »

L'assaut de Sébastopol a été, en effet, l'un des drames militaires les plus terribles et les plus émouvants dont il ait été jamais donné à l'homme d'être témoin. Heureux, trois fois heureux ceux qui ont échappé à cette affreuse boucherie !.....

« Tous ces débris humains, dit M. Eugène Pelletan, « emportés, labourés par la mitraille, pensaient, aimaient, « avaient une destinée et une famille. Ils ont cessé de « souffrir ; mais quand cesserez-vous de souffrir, vous « qui comptiez les heures de leur retour, et qui ne les « compterez plus désormais !..... »

Dans un assaut, il y a la mise en scène, il y a l'émulation de tous ; c'est à celui qui aura plus de courage, plus de hardiesse que son voisin, et avec cette surexcitation puissante que produit l'enthousiasme belliqueux, les miracles deviennent communs ; et, pour opérer ces miracles, c'est à qui se fera tuer.

Parmi ceux qui ont succombé dans cette lutte glorieuse qui s'est déroulée sous les murs de Sébastopol, il est un noble soldat, enfant de Luxeuil, M. le chef d'escadrons d'artillerie SIBILLE, fils d'un colonel de la même arme, mort en retraite il y a quelques années. Mais, ayant de parler du fils, consacrons quelques lignes à la mémoire du père, dont aucun journal de l'époque, que nous sachions du moins, n'a donné un seul mot de biographie, quoiqu'il fût bien digne, comme on va le voir, d'un tel honneur.

SIBILLE (Claude), lieutenant-colonel d'artillerie, est né le 11 octobre 1769, à Breurey-les-Faverney (Haute-Saône). Engagé volontaire le 11 octobre 1786, jour anniversaire de sa naissance, il entra dans le 3e régiment d'artillerie à pied, arme spéciale pour laquelle nos Franc-Comtois ont de tout temps montré du goût et de la préférence. Il devint fourrier le 12 août 1792.

Ainsi notre compatriote commença son rude métier à cette grande époque de la Révolution française qui épouvanta tellement les puissances étrangères qu'elles ne purent voir sans inquiétude, sans émotion, un peuple renverser ses institutions antiques, dicter des lois nouvelles à un roi, et donner la liberté aux autres nations. Alors une vaste coalition de rois menaça la France, et le fameux traité de Pilnitz fut conclu entre l'Autriche et la

Prusse, les premiers Etats qui se déclarèrent contre nous. Les contractants se promirent mutuel secours, se jurèrent de marcher sur la France, et de ne mettre bas les armes que lorsque le fanatisme révolutionnaire serait abattu, les factions éteintes, et le roi rétabli sur son trône.

Les hostilités s'ouvrirent, et le premier choc eut lieu le 28 avril 1792, à trois lieues de Tournay.

Le régiment de M. Sibille faisait partie de l'armée de Sambre-et-Meuse. Notre compatriote débuta donc dans la carrière des armes par la première campagne de la Révolution, et fit sans interruption aucune toutes les grandes guerres de la République et de l'Empire.

Sergent le 1er mars 1793, maréchal-des-logis chef, puis lieutenant le 15 avril de la même année, il fit à l'armée de Sambre-et-Meuse, cette armée qui commença le cours des triomphes inouis de la République, il fit les campagnes de 1792 et 1793 en Allemagne et sur le Rhin, celles de l'an XII et de l'an XIII à l'armée des côtes de l'Océan; il s'est trouvé à la bataille de Kaiserlautern le 20 septembre 1792, où il commandait deux pièces de quatre, et à la reprise des lignes de Wissembourg; il commandait une compagnie d'artillerie à cheval à la célèbre bataille de Fleurus, où il eut un cheval tué sous lui et fut blessé d'un coup de biscaïen au côté gauche. Ce fut le jeune Sibille encore qui le premier passa le Rhin à Dusseldorf, le 19 fructidor an III, avec sa compagnie, et s'embarqua plus tard, à minuit, sur l'un des bateaux portant les troupes aux ordres du général de division Lefebvre.

Après avoir fait la campagne de Franconie, sous le général Championnet, Sibille s'est distingué à l'affaire de Bamberg, le 18 thermidor, et à la bataille de Vintzbourg, le 7 fructidor; il prit une part active aux nombreux engagements qui eurent lieu devant Winterthur et Zurich, dans le mois de prairial, et défendit avec sa compagnie la tête du pont de Négro, en avant de Manheim, le 2 complémentaire an VII, pont attaqué par l'armée du prince Charles en personne, qui s'en empara de vive force. Tous les pointeurs du capitaine Sibille furent tués sur leurs pièces, et lui-même eut deux chevaux tués sous lui. Il fit la campagne de l'an VIII, à l'armée du Rhin; se battit à Mœskirch, Riberais et Neubourg; se signala à celle de Hohenlinden, le 12 frimaire, et au passage de l'Inn, qui eut lieu quelques jours après. Dans la campagne de l'an XIV, il prit devant Norlingue, toujours avec sa compagnie, un parc de vingt bouches à feu, qui cherchait à s'échapper de la garnison d'Ulm.

Passé dans la division du général Suchet pendant la campagne de 1806, le capitaine Sibille était le 10 octobre au combat de Strasfeld, et, le 14 du même mois, à la bataille d'Iéna, où il eut deux chevaux tués sous lui, ainsi qu'à la bataille de Pulstuk, le 26 décembre suivant. Chef d'escadron le 12 janvier 1807, il fit la campagne de cette même année au 8e corps de la Grande-Armée, fut acteur plein de bravoure dans tous les combats qui eurent lieu dans la Poméranie suédoise, et eut occasion, le 1er avril de la même année, de rendre un service de la plus haute importance. Lorsque l'armée suédoise fit une sortie de Stralsund, l'intelligent Sibille aperçut une colonne nombreuse commandée par le comte d'Essen, qui s'efforçait de tourner les troupes françaises, afin de leur couper la retraite sur Hamelau. Ralliant aussitôt, avec un sang-froid et une dextérité sans pareilles, une batterie de quinze bouches à feu qui étaient disséminées sur différents points, il fit un feu si bien dirigé, si bien nourri sur l'ennemi, qu'il le mit dans une déroute complète, et permit à nos troupes d'effectuer paisiblement leur retraite sur Stettin. Le général Grandjean était à la tête de cette division, ainsi sauvée par la présence d'esprit, le sang-froid et le courage de notre compatriote.

Dans la campagne de 1809, Sibille commandait l'artillerie de la division Dupas à la bataille de Wagram, le 6 juillet, et se trouvait présent encore au combat de Znaim, le 11 du même mois, faisant partie du corps du prince de Ponte-Corvo.

Dans la fatale campagne de Russie, en 1812, il commandait l'artillerie de la division Partouneaux au combat de Sienne, ainsi qu'au passage de la Bérézina, où, blessé grièvement à la main droite, en défendant ses pièces, il fut fait prisonnier, le 27 novembre, et conduit dans l'intérieur de la Russie, où il resta jusqu'au mois d'août 1814. Nommé en 1815 sous-directeur à Cherbourg, puis à Neuf-Brisack, il obtint dans ce dernier poste le grade de lieutenant-colonel, qu'il conserva jusqu'au mois d'avril 1819, époque à laquelle il se retira dans sa famille, à Luxeuil, pour y attendre la liquidation de sa retraite, qui lui fut accordée le 1er août de la même année.

Le colonel Sibille avait été successivement nommé membre de la Légion-d'Honneur, le 29 mai 1806; officier du même ordre, le 20 décembre 1810, avec une dotation de 2,000 fr., et créé chevalier de Saint-Louis le 12 novembre 1817.

Nommé maire de Luxeuil en février 1819, avant même

que sa pension ne fût réglée, le colonel Sibille conserva ses fonctions administratives jusqu'au jour de sa mort, arrivée le 27 mars 1831. On le vit déployer dans sa nouvelle administration tout le zèle, toute la sollicitude qu'il avait montrés à la tête de ses batteries d'artillerie. Sous sa direction active et paternelle, la ville de Luxeuil, on peut le dire, changea de face. Il n'y avait que trois mesquines fontaines; le nouveau maire en fit établir un plus grand nombre, et plus tard il conçut le vaste plan de celles qu'on a dès lors exécutées. A cette époque, l'entrée de la ville était obstruée par des portes féodales à créneaux et machicoulis, qui gênaient la circulation et occasionnaient de fréquents accidents, surtout pendant les jours de foires et de marchés; le colonel Sibille les fit abattre, et créa ensuite, pour le champ de foire du bétail, qui se tenait aux abords de ces portes, le bel emplacement qui existe aujourd'hui. C'est le colonel Sibille encore qui a fait replacer la belle grille d'entrée des Bains qui gisait depuis 1793 sous le péristyle; c'est lui qui a fait remplacer la haie mal soignée servant de fermeture à la cour des Bains du côté de la route, par un mur à hauteur d'appui surmonté d'une grille élégante; c'est lui, enfin, qui a créé, sur des terrains marécageux, ces jolis jardins, pleins d'ombre et de fleurs, qui entourent les bains comme une fraîche oasis, et dont les plans, dessinés par lui-même, avec l'aide de son camarade le colonel d'artillerie Fabert, ont été exécutés sous son administration. Tous les arbres et arbustes qui décorent aujourd'hui ces gais bosquets ont été donnés à la ville par l'illustre maréchal Moncey, qui avait pour le colonel Sibille une franche et vieille affection.

Mais ce qu'on n'oubliera pas surtout de l'administration toute bienveillante du colonel Sibille, c'est qu'en 1830, peu de mois avant la révolution de Juillet, un des hauts fonctionnaires du département vint trouver le maire et lui lut une liste de personnes de Luxeuil signalées comme contraires au gouvernement, et pour laquelle liste il demandait l'approbation et la signature de ce magistrat. Celui-ci furieux bondit sur son fauteuil, prit le haut fonctionnaire par les épaules, le mit à la porte de son domicile, en lui disant que, s'il n'était pas le neveu d'un général de ses amis, ce serait par *la fenêtre* qu'il sortirait. « J'étais bien jeune encore, m'écrit un de mes amis de « Luxeuil, lorsque le hasard me rendit témoin de cette « scène d'indignation, qui ne sortira jamais de ma mé- « moire. »

Voilà certes un beau caractère, un noble cœur. On

doit d'autant mieux faire l'éloge de ces natures exceptionnelles, qu'elles sont rares, et que Luxeuil en particulier a eu lieu de s'apercevoir qu'on ne rencontre pas tous les jours des organisations d'élite comme celles des Sibille et des Desgranges. Dans très-peu d'années, nous le prédisons, quand ces vains amours-propres de personnes, ces sottes rivalités de famille, ces ridicules et haineuses passions qui fomentent au sein des petites villes et en troublent les populations, auront disparu, les portraits de MM. Sibille et Desgranges décoreront la salle des délibérations du conseil municipal, et les habitants de Luxeuil seront aussi fiers de les montrer à leurs neveux qu'aux étrangers qui affluent chaque année dans leur ville à l'époque de la saison des eaux.

Tel père, tel fils : jamais proverbe ne trouva plus juste application.

SIBILLE (EUGÈNE-FRANÇOIS), fils du précédent, fit la première partie de ses études au collége de Luxeuil, et la seconde à celui de Strasbourg. C'était un élève docile, laborieux, qui jouissait de l'affection particulière de ses professeurs, de ses chefs et de ses camarades. Sa jeunesse n'offre pas de particularités bien remarquables; seulement le principal du collége de Luxeuil le regardait comme un de ses meilleurs sujets : « Un travail bien « soutenu, dit-il, dans un certificat du 3 octobre 1827, « que nous avons sous les yeux, une conduite irrépro- « chable, l'estime et l'affection de tous, voilà ce qu'il a « acquis jusqu'à ce jour. Je suis bien certain, continue « le principal, qu'une nouvelle année ne fera que conti- « nuer ce qu'il a si bien commencé »

Nous lisons encore dans un autre certificat, portant la la date du 24 décembre 1827, et signé par le même principal : « L'élève Eugène Sibille a montré les plus heureuses « dispositions pour les lettres et pour les sciences. Dans « les cours qui ont eu lieu chaque année, il a remporté « les premiers prix de sa classe, tant en littérature qu'en « mathématiques ; dans la classe de rhétorique, il s'est « distingué par ses compositions, et il n'est pas moins « recommandable par son exactitude à ses devoirs reli- « gieux, par la douceur de ses mœurs, par sa politesse, « que par sa bonne conduite. »

Un élève dans lequel un principal intelligent avait découvert tant de qualités, et dont il pensait tant de bien, ne pouvait manquer de réussir dans la carrière qu'il voulait, qu'il allait embrasser.

Reçu à l'Ecole polytechnique le 1er octobre 1827, à la suite d'examens brillants passés à Strasbourg, il entra comme élève sous-lieutenant d'artillerie à l'école d'application, à Metz, le 1er novembre 1831. Sous-lieutenant au 6e régiment d'artillerie le 5 février 1833, et, successivement, lieutenant le 6 août de la même année, puis capitaine en second, il devint capitaine en premier au 6e, le 2 avril 1843; chevalier de la Légion-d'Honneur le 26 août 1850, il fut promu chef d'escadrons le 14 février 1854, et envoyé peu de temps après, le 16 mars, dans le 13e régiment d'artillerie monté. Les batteries qu'il commandait ayant été désignées pour faire partie de l'armée d'Orient, il s'embarqua, le 21 septembre 1854, à Marseille, d'où nous allons le suivre pas à pas pendant cette campagne glorieuse, avec cet intérêt sympathique qu'il savait si bien inspirer.

Le sentiment religieux, chacun l'a remarqué, dominait dans l'armée française; et, parmi ceux qui savaient allier les tolérances du rude métier des armes avec leurs devoirs religieux, nous pouvons regarder le commandant Sibille comme un des officiers de l'expédition les plus remplis de bravoure et de foi. Au moment de quitter le port de Marseille, il écrivait à sa mère et à sa sœur : « Recevrez-

« vous assez tôt cette lettre, leur disait-il, pour penser « à moi au moment de mon départ. Ce matin je suis allé « à la messe à Notre-Dame de la Garde, à sept heures et « demie, pour prier et m'unir avec vous d'intentions et de « vœux. Vous pouvez être bien sûres que Notre-Dame « vous protégera, et que je vous reviendrai bientôt. « D'ailleurs, l'ombre de mon père est là pour veiller sur « moi; je le sens à l'avance, et vous ne devez rien avoir « à craindre. »

Embarqué sur le *Télémaque,* « beau bateau à vapeur, « tout doré, de 50 mètres de longueur sur 8 de largeur, » le commandant Sibille donne de minutieux détails, mais pleins d'intérêt pour les siens, sur sa vie à bord, et tâche de montrer à sa mère et à ses sœurs qu'il n'est pas malheureux, et qu'on ne doit pas le plaindre. « Nous sommes « très-bien ici, continue-t-il, et la composition de la table « est des plus agréables. Voulez-vous un menu de mon « repas? Voici la carte de notre dernier déjeuner et de « notre dernier dîner :

....

« Avec cela on peut vivre, et nous vivons sans avoir la « crainte d'être obligés de mettre à la broche les petits « enfants du bord. »

Pris par le mal de mer au début de la traversée, notre compatriote fait porter son lit sur le pont du navire, où, à l'abri d'une tente, il se met à dormir pendant quatre-vingts heures consécutives, bercé comme dans un berceau par un roulis complaisant. « Ce sommeil de trois jours, « dit-il, a été très-agréable : je dormais les yeux ouverts, « et je rêvais tout éveillé, en admirant le ciel, la mer et « une foule de choses magnifiques. Nous sommes en vue « de Malte, dont j'aperçois les orangers, et je vais profiter « de quelques heures qu'on nous accorde pour descendre à « terre et visiter la vieille cité des chevaliers. Malte vaut « la peine qu'on aille la voir, malgré tous les maux de « mer les plus douloureux, tant cette ville est admirable « par sa position, son genre de construction, et surtout « ses souvenirs. C'est une grande forteresse, qui justifie « pleinement ce que disait certain général à Bonaparte, « quand elle se fut rendue : « *Nous sommes bien heureux « qu'il y ait eu quelqu'un pour nous en ouvrir les portes, « sans quoi nous ne l'aurions pas*. On peut y abriter toutes « les flottes du monde, et je voudrais être chargé de dé- « fendre cette place contre toutes ces flottes, si elles vou- « laient l'attaquer. L'intérieur de Malte est, selon moi, « excessivement remarquable. Il est facile de juger que

« ce n'est une ville ni de commerce ni de travail, que « c'était la résidence d'une réunion de princes. Toutes les « rues sont droites, bien alignées, et si bien disposées « que, quoique sur la crête d'un rocher, on peut aller « partout à cheval ou en voiture. Toutes les maisons « sont des palais, entourées à chaque étage d'une « galerie en pierre fermée par des verrières. Ces « maisons, qui possèdent des cours intérieures et des « portes cochères sous lesquelles on pourrait entrer « avec quatre chevaux de front, sont d'une richesse de « sculpture inimaginable, et portent toutes les armoiries « les plus anciennes de l'Europe. L'église des chevaliers, « l'église Saint-Jean, dépasse tout ce que vous pouvez « imaginer et tout ce que je pourrais vous dire comme « luxe et magnificence, bien qu'elle soit abandonnée « depuis la destruction de l'Ordre, c'est-à-dire depuis « plus d'un demi-siècle. C'est une église de style bisantin, « à voûtes en plein cintre, avec des chapelles latérales « perpendiculaires au transept principal. La grande voûte « est entièrement couverte de peintures à fresque ; mais « ces peintures sont trop effacées, ou ma vue est trop « mauvaise pour bien les voir ; elle sont d'une parfaite « harmonie de ton, et doivent appartenir à des pinceaux

« de grands maîtres. Le maître-autel, en malachite verte, « avec un pourtour en lapis-lazuli bleu céleste, est « enrichi d'une garniture en cuivre doré d'une richesse « et d'un art séduisants. Les chapelles sont d'une beauté « de premier ordre; leurs murs sont entièrement cachés « sous des croix de Malte alternant avec les armes de la « nation et les armoiries des chevaliers, en or, sur un « fond rouge et bleu; contre les piliers, on voit les « tombeaux des grands-maîtres de l'Ordre.

« Je ne puis vous dire de quelle émotion j'ai été saisi « en entendant la messe latine, le *Dominus vobiscum*, dans « la chapelle française, tendue de fleurs de lys, décorée « d'armoiries françaises, de figures françaises; car les « vieux chevaliers dont les stalles sont là ont un type bien « différent de celui de leurs voisins les Allemands et les « Espagnols.

« Dans la chapelle dite de *communion* existe une grille « en argent massif, d'un travail et d'un prix inestimables; « ce qui m'a le plus touché encore, ce sont les clés de « Rhodes, apportées par les chevaliers lorsqu'ils sont « venus habiter l'île. Dans l'oratoire, où se faisait la veille « des armes, on remarque un buffet d'orgues d'une grande « élégance et d'une rare beauté de sculptures, les clés du

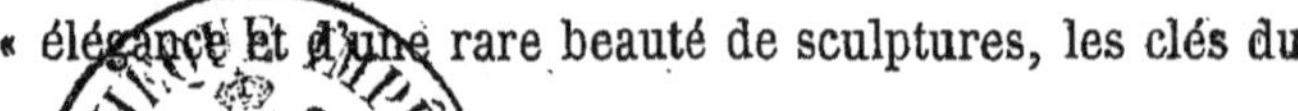

« Saint-Sépulcre, puis des tableaux des maîtres les plus « connus. Enfin, il y a ici de quoi admirer pendant huit « jours et de quoi écrire pendant deux mois. Je n'aurais « vu que Malte dans mon voyage, que j'en serais plus « que satisfait.

« Demain je verrai Naxos, Délos, Milo, toute la mytho- « logie.....

« Adieu, on m'appelle pour voir des bandes de poissons « volants qui fuient devant le navire conmme ces bandes « d'alouettes qui se lèvent parfois sous vos pas dans les « champs. C'est un spectacle pour moi des plus nouveaux « et des plus singuliers. »

En mer, devant Lesbos (Mitylène), du 30 septembre, en face des champs où fut Troie, notre commandant écrit encore à sa sœur :

« Je viens de faire un voyage dans le pays des *Mille et* « *une Nuits*. Je viens de passer à Smyrne une journée « employée à voir défiler des caravanes sans nombre, au « milieu d'un tohu-bohu d'hommes de toutes couleurs, « arrivant de Bagdad, de Bassora, en turban, en culottes, « en jupon, sans jupon, sans culottes, noirs, rouges, « jaunes, bleus; des montagnes de melons, de châles, de « raisins, de tapis, de figues, de grenades, de pantoufles :

« tous ces gens crient, piaillent, beuglent à l'envi; j'en « suis tout étourdi, assourdi, ébloui comme si j'avais trop « longtemps regardé dans un kaléidoscope. Quelle chose « étonnante qu'une ville d'Orient : des rues qui ne sont « pas des rues, des maisons qui ne sont pas des maisons !

« En Turquie, on se trouve tout de suite rejeté de cinq « cents ans en arrière de notre civilisation. Les rues, les « maisons, les attelages sont ce qu'ils étaient en Europe « au XIIIe siècle, et je comprends en les voyant bien des « faits d'histoire et de littérature dont je ne me rendais « pas compte auparavant.

« Ce pays serait magnifique entre des mains intelli- « gentes ; mais que peut-on faire avec des Turcs?

« Le peuple turc, en effet, dit M. le docteur Félix « Maynard, moralement et physiquement dégénéré, sue « la peur;..... il se sent dépérir et mourir sur cette terre « où depuis quatre cents ans il n'a pu prendre racine, « et les secours que lui prêtent les deux grandes nations « alliées lui font cruellement comprendre son impuissance « radicale. »

Les batteries d'artillerie que le chef d'escadrons Sibille commandait faisaient partie des divisions qui, sous les ordres du général Canrobert, débarquèrent à Gallipoli les premières, c'est-à-dire avant les Anglais. Par décision ministérielle du 20 avril 1854, Eugène Sibille avait été désigné pour commander l'artillerie de la 5e division d'infanterie de l'armée.

Gallipoli est une ville de dix-sept mille habitants, chef-lieu d'un livah de ce nom, et située à quinze lieues à peu près du détroit des Dardanelles, qui porte aussi le nom de détroit de Gallipoli, au centre de la presqu'île, autrefois Chersonèse de Thrace. Cette ville offre un concours d'avantages rares pour le débarquement d'une armée et pour devenir le centre de tous les approvisionnements militaires de la campagne. Couchée au fond d'une baie commode, assez vaste pour permettre à une flotte de s'y réfugier, son mouillage est sûr, le débarquement facile, même par les gros temps; elle pourrait sans peine, à l'aide de quelques batteries établies sur le point le plus septentrional, intercepter le passage à tout navire ennemi; c'est, il le faut le dire, pour l'occupant, une véritable place d'armes pour débarquer des troupes en sécurité, créer des magasins de toute espèce, des hôpitaux, des manutentions, tous les services, en un mot, qui font vivre une armée en campagne.

Les ressources du pays et les arrivages de mer assurent

d'ailleurs l'alimentation des troupes et leur ravitaillement.

Le commandant Sibille vint prendre, le 1er octobre 1854, à Gallipoli, le commandement de ses deux batteries; il écrit de cette ville, le 7 octobre :

« Bonne mère, il ne me manquerait, pour être parfai- « tement heureux, que le tapis et la lunette du vieux « Lalendue (cherchez dans les *Mille et une Nuits*). En se « mettant sur le tapis, on se trouvait à l'instant même « partout où l'on voulait être; je m'assiérais donc sur ce « tapis pour aller vous embrasser tous les soirs, et je vous « donnerais la lunette pour qu'à votre tour vous puis- « siez me voir chaque matin à votre réveil. J'ai une très- « curieuse organisation, qui vous amuserait beaucoup à « visiter.

« Je possède, comme je vous l'ai dit, une maison tur- « que ornée de toute espèce de divans, un peu durs il « est vrai, mais c'est ainsi qu'ils sont tous en Turquie. « Ma maison, l'une des élégantes de la ville, n'est qu'en « bois et en torchis. Au rez-de-chaussée sont des hangars, « des espèces de caves, dont j'ai fait une écurie pour mes « chevaux; le jour y vient de toutes parts; un escalier en « bois de sapin brut conduit à l'étage, seule partie habitée « et habitable; à une sorte d'entre-sol se trouve la cui-

« sine, quelle cuisine ! et un cabinet de décharge ; puis, « tout au-dessus de l'escalier, une grande chambre sur « laquelle ouvrent trois autres chambres qui étaient celles « des femmes et de la famille. C'est autour de ces chambres « que circulent les fameux divans ou canapés, larges de « quatre pieds, élevés d'un pied au-dessus du plancher, « et couverts d'un long coussin bourré de paille et de « foin ; sur ces divans sont étalés sans ordre de grands « carrés lourds et durs, remplis, je crois, de bourre et « d'étoupes. Voilà tous les lits, tous les siéges de la mai- « son, tout l'ameublement, en un mot, à l'exception de « petites, très-petites tables, et de petits tabourets.

« Les fenêtres de ma demeure, comme toutes celles « de ce lieu, sont garnies d'un treillage serré en lames « de sapin très-minces, et qui permettent de voir sans « être vu, mais qui interceptent tout-à-fait le jour ; aussi « ces fenêtres sont-elles nombreuses.

« J'ai, d'un côté, la vue de la mer et des côtes d'Asie. « Tous les matins je suis réveillé par le soleil levant, « et je vois passer les vaisseaux à toutes voiles presque « de mon lit, ou plutôt de mon divan. Les autres côtés « donnent sur ce qui fut un jardin ; la façade regarde la « rue, et quelle rue ! pavée de blocs informes, pierre,

« grès, marbre; la circulation en est interdite aux voitures, « car partout se trouvent des débris précieux d'antiquités, « mais mutilés à un tel point qu'on ne peut y retrouver « aucune trace de sculpture. En face de moi j'ai un de « ces cimetières qu'on rencontre dans tous les coins de « la ville et qui sont assez curieux, assez pittoresques; « les tombes des hommes, composées d'une grande pierre « plate, souvent en marbre, sont couvertes d'une inscription « et surmontées d'un turban; les tombes des femmes n'ont « ni turban ni épigraphe.

« Dans les rues, on rencontre une multitude de bons-« hommes en turban, au torse nu, aux jambes nues, « montés sur des ânes, et portant tous à la main l'iné-« vitable pipe turque, à tuyau de trois à cinq pieds de « longueur; ils sont toujours encore munis d'un arsenal « complet: deux pistolets, un poignard sont à leur cein-« ture, et un sabre pend à leur côté. Mais ils portent tout « cet attirail guerrier avec une figure si bonasse, quoique « décorée d'une énorme paire de moustaches, que cela « fait le contraste le plus drôle, le plus parfaitement ridi-« cule. Ce qui m'amuse par-dessus tout, ce sont de petits « bambins, en turban, qui font la mine la plus comique « du monde. J'ai pour les apprivoiser un talisman sans

« pareil : quelques bonbons pris au dessert de la pension.

« Les femmes sont toujours à jambes nues, très-sales; « mais, en revanche, voilées jusqu'aux yeux. On voit à la « fontaine des femmes qui ont le torse nu, abandonnant « à tous les vents le peu de jupes qu'elles portent ; leur « tête est strictement et hermétiquement voilée. Tout ici « montre un air de malpropreté, de misère, dont on ne « peut se faire une idée; notre village de Breurey, dans « ses rues les plus dégoûtantes, est cent fois plus propre « et mieux tenu que Gallipoli. Le bazar est un ramassis « d'échoppes dont les toits sont tellement rapprochés « qu'ils empêchent de voir le ciel; des haillons, plus « ignobles, plus hideux que ceux qu'on rencontre au « marché du Temple, à Paris, remplissent ces échoppes.

« J'ai, de mes fenêtres, la vue de trois ou quatre mos- « quées, avec leurs minarets, espèces de clochers pointus, « où se tient le chantre qui appelle les fidèles à la prière. « Cet homme a un chant très-aigu, triste, harmonieux « pourtant, et qu'on aime à entendre le soir. Je vais « demain déjeuner en Asie, où nous irons à la recherche « d'un temple antique, qui se trouve assez avant dans les « terres. Si nous passons l'hiver ici, j'irai à Ephèse visiter « les ruines du temple de Diane, et aux Dardanelles, à

« quelques lieues de là, voir l'emplacement des ruines
« où fut Troie.

« Depuis mon arrivée à Gallipoli, nous avons eu des nuits magnifiques, comme on n'en voit jamais en France, du moins dans la partie que je connais le mieux. Les terres ici seraient admirables si elles étaient cultivées; et, si les choses s'arrangent un jour, il y aura des fortunes à faire dans ce pays pour ceux des cultivateurs intelligents qui viendraient s'y établir. Les paysans autour de nous sont arriérés de sept siècles au moins, et leurs chars, à deux roues pleines faites de madriers cloués sans arêtes, avec un essieu tournant dans l'intérieur, sont certainement encore sur le modèle de ceux qui suivaient l'armée d'Achille. Rien, d'ailleurs, d'aussi pittoresque que ces chars attelés de deux vieux buffles, aux cornes immenses, et démesurément plus grandes que celles de nos bœufs comtois. Ces buffles sont conduits par un Turc en turban, à ceinture rouge garnie d'un sabre et de deux pistolets longs comme le bras; ce conducteur porte encore, collé sur le dos à la façon d'un fusil en bandoulière, un tuyau de pipe aussi long que la hampe d'une de nos lances; ses moustaches sont formidables; il a le teint bronzé, les jambes nues, et

« tous, homme et buffles, ont à première vue une pré-
« tention de croquemitaine presque effrayante; mais, en
« les examinant de près, ils paraissent les meilleurs gens
« du monde. »

Dans sa lettre, toujours de Gallipoli, du 12 novembre, le commandant Sibille raconte sa visite au couvent, ou plutôt à la mosquée des derviches hurleurs. « Chez ces
« derniers, dit-il, le mouvement s'accélère et le chant
« s'élève plus vite qu'on ne peut l'imaginer; mais il y a
« plus d'enthousiasme que chez les tourneurs, et le mouve-
« ment uniforme qu'ils prennent porte infailliblement
« sur les nerfs; leurs balancements et leurs cris me fai-
« saient tourner la tête, et il n'est pas rare que l'un des
« spectateurs soit atteint d'une attaque d'épilepsie, à
« laquelle personne, par exemple, ne fait attention. Toutes
« les cérémonies se clôturent par l'inévitable pipe et
« l'inévitable tasse de café. »

Notre commandant termine sa lettre par la description d'un cheval qu'il vient d'acheter à un bachi-bouzou rentrant en Orient. Ces bachis-bouzous sont des cavaliers irréguliers, espèce de Cosaques venus du fond de l'Asie, et qu'on renvoie chez eux parce qu'ils ne sont bons qu'à ravager et à saccager. Au commencement de l'automne, le commandant Sibille effectua le voyage d'exploration artistique qu'il avait annoncé dans cette lettre.

Il vit, en passant, Mételin, l'antique Lesbos, la patrie de Sapho, « la Cythère de cet étrange amour, dit Théo- « phile Gauthier, dont l'homme était banni, et qui compte « encore aujourd'hui plus d'une prêtresse. » Lesbos est encore l'île enchantée où croît l'*éringion blanc,* cette herbe aux cent têtes qui fait aimer. Il aperçut Ténédos, l'île poétique, d'où se sont élancés les serpents qui ont noué dans leurs replis l'infortuné Laocoon et ses fils, et fourni le sujet d'un chef-d'œuvre de la statuaire antique. Cette légende est peut-être fausse, et nul ne se porte garant de son authenticité ; on la raconte sans critique : si elle n'est pas vraie, elle a du moins une couleur toute locale.

Notre commandant vit aussi la Troade déployer devant lui ses terres plates, monotones, et *campos ubi Troja fuit,* le théâtre même des immortelles épopées dues au double génie d'Homère et de Virgile. C'est une impression à la fois étrange et solennelle que de se trouver ainsi en plein poème et en pleine mythologie. Parurent ensuite, sous son regard avide, le mont Ida, où se passa la scène du jugement de Pâris, puis tous ces détails curieux de terrain peints par Homère avec tant d'exactitude, qu'on pourrait suivre, l'Iliade à la main, toutes les opérations de ce si célèbre siége de Troie.

Vers la fin de novembre, Eugène Sibille alla faire une promenade de Gallipoli à Constantinople, qu'il avait un ardent désir de connaître.

L'émotion qu'il ressent en apercevant cette ville, toute scintillante de palais, de kiosques, de mosquées, de jardins embaumés, est extrême, et il la traduit en pages colorées et brûlantes :

« Ma chère mère, dit-il, j'ouvrais des yeux grands « comme des portes de grange pour admirer toutes ces « merveilles, lorsqu'un épisode est venu me rejeter bien « loin de l'Orient, pour me porter vers vous, et m'a tiré « du coin de l'œil une grosse larme à votre intention. Il « y avait à bord une douzaine de sœurs de Charité fran- « çaises, et un nombre à peu près égal de religieux de « notre pays destinés au même service; puis une vingtaine « de dames anglaises protestantes, qui, entraînées par le « sublime exemple de nos *sœurs grises*, viennent en Orient « soigner leurs malades et leurs blessés. Une de ces dames, « très-supérieure à ses compagnes, a perdu connaissance « en apercevant un splendide vaisseau anglais qui, comme « le nôtre, voguait vers Constantinople. La femme que

« j'avais remarquée était une grande dame, veuve, n'ayant « qu'un fils unique, lieutenant dans un des régiments de « la reine Victoria; elle s'était embarquée sur un grand « navire, et, huit jours après le départ de ce fils, elle « avait pris ses cliques et ses claques, s'était jetée dans le « premier chemin de fer venu, ensuite dans le bateau des « Messageries, et elle arrivait pour revoir et soigner son « cher lieutenant, s'il était malade. Par dévouement ma- « ternel, elle se faisait sœur hospitalière. En voyant un « vaisseau de sa nation, qui peut-être portait son fils, « elle s'était trouvée mal, et j'avoue sans honte que j'ai « tout oublié, bonne mère, pour ne penser qu'à vous, qui « seriez, ma foi, capable de faire une telle folie. Fort « heureusement qu'au moment de cet accident nous étions « assez loin encore, car j'aurais perdu tout mon inté- « ressant spectacle. J'ai pu regagner mon coin sur le « banc de quart, juste à l'instant où nous doublions la « pointe du Sérail, etc. »

« Constantinople, continue-t-il plus loin, est une ville « pour laquelle on s'est longtemps battu, pour laquelle « on se battra longtemps encore; et il suffit d'y entrer » pour sentir qu'elle est digne de la lutte. Celui qui l'aura « sera bien le grand empereur, le grand souverain, le

« maître de l'Europe et de l'Asie. C'est une ville incom-
« parable, qui défie toutes les descriptions, et dont la vue
« surtout est plus belle, plus imposante que ne l'ont faite
« les poëtes et les peintres.

« Rien, en effet, ne peut rendre l'idée de cette ma-
« gnificence de masse et de position; mais, dès qu'on
« entre en ville, ce sentiment grandiose fait place à la
« colère contre ces Turcs, qui ont tout fait pour détruire
« ce que Dieu a créé si beau, si grand, si noble!... »

Après un séjour d'une semaine à Constantinople, dont il ne peut se lasser de reparler encore, Sibille est heureux de retrouver sa tente, son lit de campagne, ses artilleurs, ses chevaux, sa terrasse, tout son chez lui, enfin :

« Je vous entretiendrai plus tard encore de Constan-
« tinople. Vous aimez autant que je vous dise que j'ai été
« reçu comme toujours par le général Larchey, qui est là,
« chargé, écrasé d'une besogne à laquelle il ne peut suffire,
« car il faut faire marcher le gouvernement turc, et c'est
« impossible. Pour vous donner une idée de l'apathie
« de ce gouvernement, vous saurez que le général lui
« demande à faire faire la police de la ville par vingt
« gendarmes français et trois postes : on ne veut pas lui
« accorder cette autorisation; et, pendant ce temps, les

« rues de Galata sont pleines de déserteurs, ou, pour « mieux dire, de fricoteurs français et anglais qui font « les cent coups, rossent les gardes turcs, montent dans « les voitures qui portent des femmes, qu'ils embrassent « à la moustache des maris, tirent la barbe des ulémas, « s'en donnent à cœur-joie, à l'abri de toutes recherches, « de toutes punitions. Il y a, au ministère de la guerre « français, six cents officiers ou secrétaires qui griffonnent « du papier du matin au soir. Au ministère de la guerre « turc, on compte douze officiers d'état-major qui fument « leurs pipes, au service spécial desquelles ils ont, dans « une pièce voisine, une trentaine de serviteurs pour « les leur tenir sans cesse allumées. On voit sur la « table unique de ces douze personnages des montagnes « de tabac et des piles de cigares ; mais on n'y voit ni « une plume ni un crayon. »

Rentré à Gallipoli, le commandant Sibille s'embarqua de nouveau, mais cette fois avec ses batteries, pour la Crimée, le 16 février 1855. Le bateau à vapeur le *Cacique*, qu'il montait avec ses hommes, ses chevaux et ses pièces, jetait l'ancre à l'entrée du port de Kamiesch le 19 du même mois, à huit heures et demie du matin.

A l'arrivée de ces deux batteries, Kamiesch était considéré déjà comme un port français, dont l'importance matérielle devait exercer une grande influence sur les opérations de l'armée d'Orient. Il était donc essentiel de s'en assurer la possession durable par des ouvrages défensifs qui ne pussent laisser désormais à l'ennemi aucune possibilité de la disputer. C'est une des particularités les plus curieuses et les plus remarquables de cette guerre gigantesque, que d'avoir créé, dans le voisinage immédiat d'une ville assiégée, et pendant le siége même, une place qui s'éleva comme par enchantement.

« Depuis la fin de l'hiver de 1854 à 1855, dit une « relation officielle, Kamiesch changea tellement d'aspect, « qu'une personne qui aurait quitté cette ville à cette « époque n'aurait pu la reconnaître. A l'ancien bazar qui « déployait dans le fond de la baie, sur un terrain couvert « de boue et de neige, ses deux rangées de tentes infectes « et misérables, avait succédé un grand bourg, avec ses « rues et ses places bien distribuées. On pouvait citer « notamment les rues *Napoléon*, *de Lourmel*, *de la Gloire*, « *des Turcs*, les places *de la Marine* et *du Commerce*. Les « boutiques s'y étaient élevées comme par magie; et, « quoique les marchands payassent patente, il y en avait « de toute espèce, des horlogers, tailleurs, cordonniers,

« et même des perruquiers ; on y voyait aussi des papetiers, mais qui vendaient des éperons, des pistolets, des sabres, un peu de tout, excepté du papier. Les cafés et les restaurants ne manquaient pas non plus ; mais, pour aborder ces derniers, il fallait avoir la bourse bien garnie ; un déjeuner assez médiocre ne se payait pas moins de 20 fr. par tête (vin non compris). Les pommes de terre se vendaient de 60 à 80 fr. le quintal ; un pain coûtait 2 fr. 25 c. ; un poulet, 4 fr. ; le vin, quel vin ! 2 fr. le litre. Une boisson quelconque, qui avait la couleur de la bière, 2 fr. la bouteille, etc. etc. »

On avait encore construit à Kamiesch un théâtre élégant. Inutile de dire que, dans de pareilles circonstances, cette idée ne pouvait sortir que de la tête des Français. Une affiche monstre, lithographiée et ornée d'une vignette très-pittoresque, annonça, certain jour, aux habitants ébahis, la représentation du théâtre impérial d'Inkermann. MM. les amateurs du 2e régiment de zouaves étaient les principaux acteurs de ce théâtre improvisé.

Il y a, dans les travaux modestes, mais pénibles, chanceux, qui précèdent un siége et en préparent la dernière phase, il y a toute une vie de labeurs rebutants, périlleux, et de dévouement sans éclat. A Sébastopol, par exemple, pendant l'hiver passé en Crimée, presque sous les murs de cette place, l'armée et la flotte ont montré tous les courages, toute la patience, toute l'abnégation et toutes les vertus militaires. Cette valeureuse conduite sera pour les armes de la France un éternel objet d'orgueil, d'honneur et d'admiration.

Arrivé le 19 février 1855 devant Sébastopol, avec les batteries qu'il commandait, Eugène Sibille a été constamment employé, jusqu'au jour de sa blessure, aux rudes travaux du siége, et exposé au feu meurtier de l'artillerie russe, aux fréquentes sorties des troupes de la place, et il a contribué pour une bonne part au succès de l'assaut.

Après avoir monté sa première garde, notre compatriote fut employé à l'attaque de la Quarantaine, d'où il passa, vers le 20 mai, à l'attaque du bastion Central. Depuis l'enlèvement de leurs embuscades retranchées en avant de la muraille crénelée, dans la nuit du 2 au 3 mai, les Russes s'étaient mis à en établir de nouvelles, parallèlement aux premières, avec une rapidité surprenante; ils avaient réussi à construire un fort retranchement, relié avec les ouvrages et les batteries avancées, entre le bastion Central et la Quarantaine. Ils y avaient formé une vaste place d'armes, d'où il leur était facile de pénétrer, ou du moins de tenter de pénétrer dans nos lignes ; il était nécessaire de les déloger de ces ouvrages et de les détruire, s'il était impossible de les utiliser en s'y établissant. »

« En conséquence, dit une narration officielle, douze « mille hommes environ furent réunis dans la soirée du « mardi 22 mai. Le général de Salles avait la haute di- « rection de cette importante attaque ; il était secondé par « le général de division Paté. A neuf heures un quart, « l'ordre d'attaque fut donné. Les 28ᵉ et 80ᵉ de ligne et « le 1ᵉʳ de la légion étrangère s'élancèrent au pas de « course par-dessus les parapets et se jetèrent d'un bond « dans les retranchements russes. En un instant, à la « droite, au centre et à la gauche, l'ennemi fut culbuté, « chassé de ses ouvrages ; mais il se rallia promptement « et vint à la charge avec tant d'énergie qu'à son tour il « obligea les Français à abandonner les redoutes, et à « regagner leurs parallèles. Les voltigeurs de la garde « accoururent alors au secours des bataillons engagés, et « tous, redoublant d'ardeur, se précipitèrent en avant, « pénétrèrent dans les retranchements, et s'en rendirent « maîtres après une rude mêlée, une lutte acharnée des « plus terribles et corps à corps. Refoulés pour la seconde

« fois, les Russes se replièrent sur leurs réserves et re-
« vinrent immédiatement à la charge si résolûment, si
« vigoureusement que, malgré leur solidité, les troupes
« françaises durent regagner leurs tranchées. Là, elles se
« reformèrent sous une grêle de mitraille et de projectiles
« creux, malgré l'encombrement des hommes qui rem-
« plissaient l'étroit espace des tranchées, et la confusion
« provenant du mélange des régiments pendant l'obscu-
« rité. »

Ces masses ainsi agglomérées se trouvèrent exposées au feu meurtrier de l'ennemi. Cependant officiers et soldats, avec cette intelligence et cette intrépidité qui caractérisent le militaire français, s'élancèrent d'eux-mêmes une troisième fois contre les retranchements russes. Ce n'était plus seulement de l'élan, c'était de la fureur, de la rage ; ni mitraille, ni fusillade ne purent les arrêter un seul instant; ils sautèrent dans les redoutes ; une mêlée épouvantable s'ensuivit, et, malgré la ténacité extraordinaire de l'ennemi, les retranchements furent décidément enlevés.

Dans cette meurtrière affaire de la nuit du 23 au 24 mai, le commandant Sibille, qui, comme dans toutes les luttes précédentes, avait fait preuve d'habileté, de sang-froid, de courage et d'énergie, fut blessé à la jambe par un biscaïen qui, ayant heureusement frappé le fourreau de son sabre avant de le toucher, ne lui occasionna qu'une forte contusion. Cité à l'ordre de la division par le général Levaillant, qui la commandait, Sibille ne quitta l'attaque du bastion Central que le jour où ses forces épuisées l'obligèrent à se rendre à l'ambulance (*); il était au feu qui a

(*) Voici l'ordre du jour du 25 mai 1855, donné au quartier-général devant Sébastopol, par le général Levaillant :

« La brillante affaire qui vient d'avoir lieu dans la nuit du 23 au « 24 de ce mois, et qui fait tomber en notre pouvoir les embuscades « qu'occupaient les Russes depuis le Cimetière jusqu'à la baie de la « Quarantaine, a donné une fois encore aux troupes de la division « que je commande l'occasion de déployer le courage et l'énergie « dont elles ont fait preuve tant de fois déjà.

« Le 46e et le 80e de ligne, qui ont eu le bonheur de prendre part « à ce glorieux combat, avec des fractions d'autres divisions, ont « droit à une grande part dans les éloges que tous ont mérités, et je « suis heureux d'avoir à les féliciter d'un succès dû à leur coura- « geuse énergie et à la rapidité de leur attaque.

« Il me reste un devoir important à remplir, et je l'accomplirai « avec joie : c'est de mettre sous les yeux du général en chef les noms « de ceux qui se sont montrés les plus méritants, et de solliciter pour « eux des récompenses que je serais heureux de voir donner à « tous.

« Déjà dans la nuit précédente le 9e bataillon de chasseurs à pied « et le 80e de ligne avaient, par une glorieuse attaque sur ces posi- « tions, obtenu un succès qui ne devait être entièrement accompli « que la nuit suivante ; les uns et les autres ont brillamment fait leur précédé la prise du Mamelon-Vert et des Ouvrages-Blancs. Son capitaine-adjoint, M. de Casse, est tué à côté de lui par un éclat de bombe, le 7 juin au soir. Le chagrin violent que lui cause la mort de cet excellent officier, qu'il affectionnait beaucoup, lui valut une jaunisse qu'il a conservée fort longtemps, sans vouloir cesser de faire son service à la tranchée ; il était pourtant tellement malade le 15 juillet, que le chirurgien-major lui conseilla, pour ne pas succomber au mal et aux fatigues qu'il éprouvait, de se faire évacuer sans plus de retard sur Constantinople. Il n'écouta point ce sage conseil.

Le feu qui précéda l'assaut s'étant ouvert sur toute la ligne, le 5 septembre, à cinq heures et demie du matin, le commandant Sibille fut commandé de service, du 5, à quatre heures et demie du soir, au lendemain à la même heure. Blessé le 6, vers cinq heures du matin, au mollet gauche, par un éclat d'obus, qui alla casser la jambe

« devoir ; je suis fier de les féliciter et de pouvoir citer les noms de « ceux qui se sont le mieux conduits dans les deux circon- « stances.

« Dans mon état-major : MM. Delamotte et Rouge-Courtois, géné- « raux de brigade ; Le Tellier-Valazé, colonel d'état-major ; Curtex, « capitaine ; Multzer, blessé ; Sibille, chef d'escadrons d'artillerie, « blessé. »

droite de son nouvel adjoint, M. le capitaine Lacoste; transporté avec celui-ci à l'ambulance du Clocheton, et de là à celle du quartier-général, Sibille, au lieu de se faire placer dans une baraque à laquelle il avait le droit d'être admis en sa qualité d'officier supérieur, Sibille préféra rester sous la tente, près de son adjoint, qu'il ne voulut point abandonner jusqu'à la veille de la mort de ce dernier, arrivée le 17 septembre. La douleur que le commandant éprouva de la perte de son second adjoint, blessé mortellement à ses côtés, comme le premier, augmenta son mal, en lui enlevant tout repos, tout sommeil. Par suite de cette agitation nerveuse, l'état de sa blessure empira chaque jour, et déjà la pourriture d'hôpital l'avait envahie, lorsqu'il fut embarqué le 29 septembre à bord de l'*Albatros*, pour être transporté à Constantinople.

Aussitôt après sa blessure, le commandant Sibille s'était empressé d'écrire à sa mère et à ses sœurs pour les rassurer.

« Soyez bien persuadées toutes, leur dit-il, que je n'ai « rien, absolument rien, *un bobo, un coup de bec de perro-* « *quet.* »

« Si nous avions pu, dit-il encore quelques jours après,

« nous emparer du bastion Central, nous l'aurions fait « garder par dix mille hommes, qui auraient tous sauté « d'un bloc. Il paraît que rien n'était beau comme de voir « cette grande ville en feu, avec accompagnement presque « incessant de monstrueuses explosions qui soulevaient « des montagnes de débris et les lançaient à deux ou trois « cents mètres, pour les laisser retomber avec un fracas « que d'ici nous prenions pour une vive fusillade, et « nous sommes à six kilomètres de la ville !.....

« Lorsque le bastion Central a sauté, nous avons été « secoués dans nos lits, et j'aurais eu peur de voir la « maison s'écrouler, si ma maison de toile n'était pas à « l'abri d'un pareil accident. »

Et, le 22 septembre, il écrit encore à sa famille :

« Avez-vous confiance en Dieu et en notre père? Voulez-« vous bien me croire et me laisser vous répéter que j'ai « une écorchure sans gravité, mais longue à guérir, comme « toutes les blessures de jambe ; que je n'ai pas la moindre « souffrance, et que je n'éprouverais aucun ennui si je « pouvais vous sentir raisonnables et confiantes? Je vous « dirai seulement que le coquin d'obus qui m'a mordu a « tué raide trois hommes, a blessé sept ou huit fantassins, « mon pauvre Lacoste et moi, et que vous devez remercier

« Dieu de m'avoir donné *la plus petite part dans ce triste* « *gâteau.* »

Et, dans une autre lettre du 24 septembre, il annonce ainsi sa nomination d'officier de la Légion-d'Honneur :

« Enfin, bonne maman, j'ai cette rosette qui vous tient « tant au cœur, et j'espère, de plus, être placé sur « le tableau d'avancement pour le grade de lieutenant- « colonel. Je compte toujours partir le 29. »

Mais les fatigues incessantes, le défaut de soins, et l'insouciance avec laquelle le commandant Sibille traitait sa blessure, qu'il continuait, malgré tous les avis, à regarder comme légère, firent faire au mal de tels progrès, que les médecins de l'armée s'opposèrent à ce qu'il fût embarqué pour la France, annonçant qu'il périrait infailliblement pendant la traversée. Condamné à rester à l'hôpital de Constantinople jusqu'à ce que l'amélioration de sa blessure lui permît de faire ce long trajet, d'autres tourments viennent bientôt assiéger son esprit et son cœur.

Tout absorbé dans cette unique pensée que sa famille devait conserver à son sujet des inquiétudes mortelles, le pauvre malade s'efforçait, pour que rien de sa blessure et de son malaise général ne parvînt aux oreilles de sa mère ou de ses sœurs, de se montrer calme et rassuré; il ne se plaignait jamais, et répondait toujours, lorsqu'on le questionnait sur son état, que ses douleurs étaient peu de chose. Dans sa lettre datée de Constantinople le 5 décembre 1855, la sœur Thérèse s'exprime ainsi :

« Le délire, dit-elle, l'avait pris la veille de sa mort, « sans que ses souffrances augmentassent; au contraire, il « nous assurait ne pas souffrir du tout. Il est mort le « 17 octobre 1855, à cinq heures et demie du soir, sans « la moindre agonie. De temps en temps sa gorge se pre- « nait, et c'est dans un de ces moments très-courts qu'un « léger vomissement est survenu, et qu'il a rendu le « dernier soupir, pendant que notre digne aumônier, « M. Boré, lui donnait l'extrême-onction.

« M. Chabord, son bon et loyal colonel, était présent, « et ne l'a quitté qu'après sa mort. Ah! comme il « aimait votre frère, ce brave colonel; ses larmes, son « chagrin nous disaient assez qu'il faisait personnel- « lement une perte bien douloureuse. Il a dû vous « écrire et vous dire que si la blessure de M. Sibille, « d'abord très-légère, s'est peu à peu aggravée, c'est

« sa bonté trop grande, trop attentive, la générosité « de son cœur, qui ont amené ce déplorable résultat. « Etant en Crimée, il était beaucoup plus occupé à « faire donner des soins à ses officiers, aux soldats « blessés ou malades, qu'à prendre pour lui-même « les précautions que réclamait sa position, devenue cri- « tique, et qui lui étaient alors si vivement recomman- « dées. Il est donc mort martyr de sa charité et de son « dévouement. »

Son excellent colonel, dans une lettre à Mme Chabord, donne les mêmes détails que la bonne sœur Thérèse, et prie sa femme de la transmettre en temps opportun à la famille de l'infortuné commandant. Le colonel parle encore du courage de Sibille, de son calme, et de sa mort bien douce pour un soldat; puis il ajoute que, peu d'instants avant d'expirer, son camarade avait tiré avec effort, mais avec une certaine énergie, un médaillon suspendu à son cou par un ruban, et qu'après avoir contemplé quelques secondes ce médaillon précieux d'un regard moite et mourant, il le remit à son chef : c'était le portrait de son père, qui ne le quittait jamais.

« En ce moment solennel, écrit M. Chabord, la sœur

« Thérèse me fit signe que c'était fini, que notre pauvre « commandant allait mourir, et qu'il fallait me retirer. « C'était au contraire une raison de plus pour moi de « ne pas m'éloigner, et je restai. »

Et le digne colonel, tout au frère d'armes, à l'ami qu'il va perdre, raconte de la manière la plus simple, la plus émouvante, qu'il resta auprès de son cher blessé; c'est-à-dire qu'il accomplit l'acte de piété le plus difficile, le plus énergique qu'il y ait ici-bas, celui de fermer les yeux à un ami mourant. Ah! brave et généreux colonel, qu'ils doivent être fiers et valeureux les soldats que vous commandez!

Dans toutes ses lettres, et cela dès le début de la campagne, le commandant Sibille ne tarissait point en éloges, en sentiments exaltés de reconnaissance sur le compte de son colonel, M. Chabord, dont les bontés incessantes, les soins touchants n'ont pas cessé d'envelopper le malade comme d'une auréole consolatrice qui apaisait ses souffrances et remettait l'espoir dans ses esprits agités. A ce nom de Chabord est toujours uni celui de notre compatriote le général de division Larchey, dont la délicate et bienveillante sollicitude, à Constantinople, a su remplacer près du blessé la famille absente.

Général Larchey, colonel Chabord, vous êtes de nobles cœurs !

La dernière pensée du commandant Sibille a été pour sa mère et ses sœurs; et ses regrets de se séparer d'une famille qu'il aimait tant, tout amers qu'ils étaient, ont été néanmoins adoucis par l'espoir de revoir son père, son type adoré. Son amour filial allait jusqu'au fanatisme, car il répétait souvent : « Je n'ai qu'une « seule ambition, qu'un seul désir en ce bas monde, « c'est de ressembler en tout point à mon père; comme « lui, je veux devenir colonel d'artillerie, et, lorsque « je serai en retraite, je prierai mes concitoyens de « me faire nommer maire de Luxeuil, pour pouvoir, « comme mon père encore, donner à tous une preuve de « ma vive affection, et les doter pour l'avenir d'établisse« ments utiles qui fassent la prospérité de notre ville na« tale. »

Ah ! oui, son père était son idole dans le ciel, comme sa mère et ses sœurs étaient ses idoles sur la terre. Les flatteries de la gloire et des grades le séduisaient moins que le séjour paisible de sa jolie maison de Luxeuil, où l'attendaient sa mère et ses sœurs, ces deux moitiés de sa vie pour le cloître des affections privées.

Le colonel Chabord, trop douloureusement ému, ne put, au moment suprême, prononcer les derniers adieux sur la tombe de son infortuné commandant; il fut remplacé par le général de division Larchey, qui, accompagné de son état-major, du général de brigade Pariset, des officiers d'artillerie présents à Constantinople, et des députations d'officiers d'autres armes, conduisit le défunt au champ du repos. Là, cet officier général lui dit le dernier adieu, pour lequel il trouva des paroles chaleureuses, pleines d'éloges mérités, de justes regrets, et qui ont excité sur son guerrier auditoire une vive émotion.

L'artilleur Ogier, ordonnance du chef d'escadrons Sibille, mérite, pour son courage, ses sentiments élevés, de trouver place ici; il montra pour son chef blessé les soins prévenants, délicats, d'une sœur de Charité. Lorsque l'honorable colonel Chabord eut fait placer sur la fosse de Sibille, dans le cimetière des Français, à Constantinople, la pierre tumulaire portant les nom, prénoms et le grade de cet ami malheureux, le brave artilleur planta de sa main, autour de cette tombe, des arbres verts, des arbustes et des fleurs, qu'il entretint avec une exactitude religieuse pendant tout le temps de son séjour à Constantinople; puis, lorsqu'il dut quitter cette reine de l'Orient, il laissa, sur ses faibles économies, une petite rente au jardinier du cimetière, pour que celui-ci continuât à être le jardinier pieux de sa funèbre oasis. Reçois ici, digne soldat, les remercîments de la famille et des amis du commandant Sibille, pour les preuves d'affection sincère, presque d'amour, que tu as données à ton si regrettable chef, et pour ces soins pieux et touchants envers les restes muets de celui que tu avais tant aimé. Ogier est né à Luxeuil, où il est venu se retirer après son retour de Crimée. Placé dans l'administration des douanes, en qualité de préposé à Montbéliard, il ne saurait manquer de faire son chemin dans la nouvelle carrière qu'un gouvernement reconnaissant vient de lui ouvrir. Nous lui souhaitons donc toute la prospérité, tout le bonheur qui semble revenir de droit à l'homme si honnête, si dévoué, et doué d'une si noble reconnaissance!

Soldat valeureux, officier d'artillerie de distinction et d'avenir, homme d'intelligence et de cœur, avant tout homme de bien, le commandant Sibille savait se concilier l'estime et l'affection de tous. Son front, haut et large, annonçait le calme et la réflexion; d'un tempérament énergique, il avait la profondeur et la justesse du coup d'œil; sa taille, fort au-dessus de la moyenne, était bien prise, et semblait faite pour les rudes travaux de l'arme à laquelle il appartenait. Formé à l'école de notre artillerie française, si justement renommée, la nature lui avait donné une mâle figure, une santé de fer, un esprit solide, des sentiments élevés, des goûts et des talents d'artiste; son caractère tenait à la fois de l'homme du monde, de la naïve et discrète simplicité du Franc-Comtois, et de la franchise du militaire. Certes celui-là, on peut l'affirmer, n'aurait jamais fait son chemin par les galeries souterraines de l'intrigue. Son air affable, ses formes polies, son sourire fin et mélancolique invitaient à la confiance, et les grâces de son langage, le pittoresque de son expression, toujours choisie, toujours élégante, attachaient à ses récits, à ses anecdotes spirituelles, originales, et lui valaient toutes les affections, toutes les sympathies. « Il était aimé, nous écrivait naguère le « général Larchey, il était aimé de tous ses camarades, et « très-estimé de ses supérieurs; son caractère si bon et

« d'une paternité excessive le faisait chérir de ses subor-« donnés. » Il y avait en lui des restes des anciennes mœurs : naïveté dans l'esprit, tempérance dans les paroles, candeur dans les affections ; il avait encore la gaîté douce, parfois un peu malicieuse, mais d'une délicatesse toujours exquise. Notre excellent compatriote laissait les qualités de son esprit se confondre avec celles de son cœur, et s'étudiait à effacer ses talents, sa prudence, sa fermeté, sous le double manteau de la modestie qui s'ignore elle-même, et de la charité qui s'oublie pour les autres. La religion a été mêlée dans toute sa vie militaire avec sa piété touchante pour son père et sa mère, son amour si fraternellement passionné pour ses sœurs, et, à l'heure solennelle où s'effacent toutes les préoccupations de la terre, même les plus nobles, cette religion a seule rempli sa pensée, adouci ses derniers moments.

En parcourant les montagnes escarpées des Vosges, le commandant Sibille, nous n'en doutons pas, avait découvert par hasard, dans quelque endroit écarté, une touffe de l'*éringion blanc*, cette herbe féerique qui fait aimer, et que l'on ne rencontrait autrefois que dans les environs de Lesbos ; il avait cueilli et conservé sans doute quelques brins de la touffe que le hasard lui avait fait rencontrer; car il est impossible de laisser plus de regrets dans tout le pays que ne l'a fait l'annonce de la mort de l'infortuné Sibille.

La religion, qu'il pratiquait avec une si douce ferveur, est restée l'unique consolation de ceux qui, comme moi, l'ont connu, l'ont aimé, et le pleurent.

Janvier 1857.

Vesoul, typographie de L. Suchaux.

www.ingramcontent.com/pod-product-compliance
Lightning Source LLC
LaVergne TN
LVHW010048230826
846091LV00005B/1895